Gesetz zur Gleichstellung behinderter Menschen

(Behindertengleichstellungsgesetz - BGG)

Impressum

© GROELSV – Verlag, Hans-Much-Weg 14, 20249 Hamburg, Telefon: 040/ 32030598; - Redaktion GROELSV

Wir sind bemüht, ein ansprechendes Produkt zu gestalten, dass vernünftigen Ansprüchen an das Preis/Leistungsverhältnis gerecht wird. Buchbewertungen, z. B. über den Distributor Amazon sind ausdrücklich erwünscht. Konstruktive Anregungen nutzen wir gerne, um künftige Auflagen zu ergänzen und anzupassen.

Die Rechte am Werk, insbesondere für die Zusammenstellung, die Cover- und weitere Gestaltung liegen beim Verlag. Trotz sorgfältigster Bearbeitung und Qualitätskontrolle können Übertragungsfehler und technische Fehler nicht letztgültig ausgeschlossen werden. Fachanwaltliche Beratung wird durch die Konsultation einer Rechtssammlung nicht ersetzt.

1

Inhaltsverzeichnis

Gesetz zur Gleichstellung behinderter
Menschen (Behindertengleichstellungsgesetz - BGG)

-

BGG

Ausfertigungsdatum: 27.04.2002

"Behindertengleichstellungsgesetz vom 27. April 2002 (BGBl. I S. 1467, 1468), das
zuletzt durch Artikel 12 des Gesetzes vom 19. Dezember 2007 (BGBl. I S. 3024)
geändert worden ist"

Stand: Zuletzt geändert durch Art. 12 G v. 19.12.2007 I 3024

Abschnitt 1

Allgemeine Bestimmungen

-

§ 1 Gesetzesziel

Ziel dieses Gesetzes ist es, die Benachteiligung von behinderten

Menschen zu beseitigen und zu verhindern sowie die gleichberechtigte

Teilhabe von behinderten Menschen am Leben in der Gesellschaft zu

gewährleisten und ihnen eine selbstbestimmte Lebensführung zu

ermöglichen. Dabei wird besonderen Bedürfnissen Rechnung

getragen.

§ 2 Behinderte Frauen

Zur Durchsetzung der Gleichberechtigung von Frauen und Männern
sind die besonderen Belange behinderter Frauen zu berücksichtigen
und bestehende Benachteiligungen zu beseitigen. Dabei sind
besondere Maßnahmen zur Förderung der tatsächlichen Durchsetzung
der Gleichberechtigung von behinderten Frauen und zur Beseitigung
bestehender Benachteiligungen zulässig.

-

§ 3 Behinderung

Menschen sind behindert, wenn ihre körperliche Funktion, geistige
Fähigkeit oder seelische Gesundheit mit hoher Wahrscheinlichkeit
länger als sechs Monate von dem für das Lebensalter typischen
Zustand abweichen und daher ihre Teilhabe am Leben in der
Gesellschaft beeinträchtigt ist.

-

4

§ 4 Barrierefreiheit

Barrierefrei sind bauliche und sonstige Anlagen, Verkehrsmittel, technische Gebrauchsgegenstände, Systeme der Informationsverarbeitung, akustische und visuelle Informationsquellen und Kommunikationseinrichtungen sowie andere gestaltete Lebensbereiche, wenn sie für behinderte Menschen in der allgemein üblichen Weise, ohne besondere Erschwernis und grundsätzlich ohne fremde Hilfe zugänglich und nutzbar sind.

-

§ 5 Zielvereinbarungen

(1) Soweit nicht besondere gesetzliche oder verordnungsrechtliche Vorschriften entgegenstehen, sollen zur Herstellung der Barrierefreiheit Zielvereinbarungen zwischen Verbänden, die nach § 13 Abs. 3 anerkannt sind, und Unternehmen oder Unternehmensverbänden der verschiedenen Wirtschaftsbranchen für ihren jeweiligen sachlichen und räumlichen Organisations- oder Tätigkeitsbereich getroffen werden. Die anerkannten Verbände können die Aufnahme von Verhandlungen

über Zielvereinbarungen verlangen.

(2) Zielvereinbarungen zur Herstellung von Barrierefreiheit enthalten insbesondere

1.

die Bestimmung der Vereinbarungspartner und sonstige Regelungen zum Geltungsbereich und zur Geltungsdauer,

2.

die Festlegung von Mindestbedingungen darüber, wie gestaltete Lebensbereiche im Sinne von § 4 künftig zu verändern sind, um dem Anspruch behinderter Menschen auf Zugang und Nutzung zu genügen,

3.

den Zeitpunkt oder einen Zeitplan zur Erfüllung der festgelegten Mindestbedingungen.

Sie können ferner eine Vertragsstrafenabrede für den Fall der Nichterfüllung oder des Verzugs enthalten.

(3) Ein Verband nach Absatz 1, der die Aufnahme von Verhandlungen verlangt, hat dies gegenüber dem Zielvereinbarungsregister (Absatz 5)

unter Benennung von Verhandlungsparteien und Verhandlungsgegenstand anzuzeigen. Das Bundesministerium für Arbeit und Soziales gibt diese Anzeige auf seiner Internetseite bekannt. Innerhalb von vier Wochen nach der Bekanntgabe haben andere Verbände im Sinne des Absatzes 1 das Recht, den Verhandlungen durch Erklärung gegenüber den bisherigen Verhandlungsparteien beizutreten. Nachdem die beteiligten Verbände behinderter Menschen eine gemeinsame Verhandlungskommission gebildet haben oder feststeht, dass nur ein Verband verhandelt, sind die Verhandlungen innerhalb von vier Wochen aufzunehmen.

(4) Ein Anspruch auf Verhandlungen nach Absatz 1 Satz 3 besteht nicht,

1.

während laufender Verhandlungen im Sinne des Absatzes 3 für die nicht beigetretenen Verbände behinderter Menschen,

2.

in Bezug auf diejenigen Unternehmen, die ankündigen, einer Zielvereinbarung beizutreten, über die von einem

Unternehmensverband Verhandlungen geführt werden,

3.

für den Geltungsbereich und die Geltungsdauer einer zustande

gekommenen Zielvereinbarung,

4.

in Bezug auf diejenigen Unternehmen, die einer zustande

gekommenen Zielvereinbarung unter einschränkungsloser

Übernahme aller Rechte und Pflichten beigetreten sind.

(5) Das Bundesministerium für Arbeit und Soziales führt ein

Zielvereinbarungsregister, in das der Abschluss, die Änderung und die

Aufhebung von Zielvereinbarungen nach den Absätzen 1 und 2

eingetragen werden. Der die Zielvereinbarung abschließende Verband

behinderter Menschen ist verpflichtet, innerhalb eines Monats nach

Abschluss einer Zielvereinbarung dem Bundesministerium für Arbeit

und Soziales diese als beglaubigte Abschrift und in

informationstechnisch erfassbarer Form zu übersenden sowie eine

Änderung oder Aufhebung innerhalb eines Monats mitzuteilen.

-

§ 6 Gebärdensprache und andere Kommunikationshilfen

(1) Die Deutsche Gebärdensprache ist als eigenständige Sprache anerkannt.

(2) Lautsprachbegleitende Gebärden sind als Kommunikationsform der deutschen Sprache anerkannt.

(3) Hörbehinderte Menschen (Gehörlose, Ertaubte und Schwerhörige) und sprachbehinderte Menschen haben nach Maßgabe der einschlägigen Gesetze das Recht, die Deutsche Gebärdensprache oder lautsprachbegleitende Gebärden zu verwenden. Soweit sie sich nicht in Deutscher Gebärdensprache oder mit lautsprachbegleitenden Gebärden verständigen, haben sie nach Maßgabe der einschlägigen Gesetze das Recht, andere geeignete Kommunikationshilfen zu verwenden.

Abschnitt 2

Verpflichtung zur Gleichstellung und Barrierefreiheit

-

§ 7 Benachteiligungsverbot für Träger öffentlicher Gewalt

(1) Die Dienststellen und sonstigen Einrichtungen der
Bundesverwaltung, einschließlich der bundesunmittelbaren
Körperschaften, Anstalten und Stiftungen des öffentlichen Rechts
sollen im Rahmen ihres jeweiligen Aufgabenbereichs die in § 1
genannten Ziele aktiv fördern und bei der Planung von Maßnahmen
beachten. Das Gleiche gilt für Landesverwaltungen, einschließlich der
landesunmittelbaren Körperschaften, Anstalten und Stiftungen des
öffentlichen Rechts, soweit sie Bundesrecht ausführen. In Bereichen
bestehender Benachteiligungen behinderter Menschen gegenüber
nicht behinderten Menschen sind besondere Maßnahmen zum Abbau
und zur Beseitigung dieser Benachteiligung zulässig. Bei der
Anwendung von Gesetzen zur tatsächlichen Durchsetzung der
Gleichberechtigung von Frauen und Männern ist den besonderen
Belangen behinderter Frauen Rechnung zu tragen.

10

(2) Ein Träger öffentlicher Gewalt im Sinne des Absatzes 1 darf

behinderte Menschen nicht benachteiligen. Eine Benachteiligung liegt

vor, wenn behinderte und nicht behinderte Menschen ohne

zwingenden Grund unterschiedlich behandelt werden und dadurch

behinderte Menschen in der gleichberechtigten Teilhabe am Leben in

der Gesellschaft unmittelbar oder mittelbar beeinträchtigt werden.

(3) Besondere Benachteiligungsverbote zu Gunsten von behinderten

Menschen in anderen Rechtsvorschriften, insbesondere im Neunten

Buch Sozialgesetzbuch, bleiben unberührt.

-

§ 8 Herstellung von Barrierefreiheit in den Bereichen Bau und Verkehr

(1) Zivile Neubauten sowie große zivile Um- oder Erweiterungsbauten

des Bundes einschließlich der bundesunmittelbaren Körperschaften,

Anstalten und Stiftungen des öffentlichen Rechts sollen entsprechend

den allgemein anerkannten Regeln der Technik barrierefrei gestaltet

werden. Von diesen Anforderungen kann abgewichen werden, wenn

mit einer anderen Lösung in gleichem Maße die Anforderungen an die

11

Barrierefreiheit erfüllt werden. Die landesrechtlichen Bestimmungen,

insbesondere die Bauordnungen, bleiben unberührt.

(2) Sonstige bauliche oder andere Anlagen, öffentliche Wege, Plätze

und Straßen sowie öffentlich zugängliche Verkehrsanlagen und

Beförderungsmittel im öffentlichen Personenverkehr sind nach

Maßgabe der einschlägigen Rechtsvorschriften des Bundes

barrierefrei zu gestalten. Weitergehende landesrechtliche Vorschriften

bleiben unberührt.

-

§ 9 Recht auf Verwendung von Gebärdensprache und anderen

Kommunikationshilfen

(1) Hör- oder sprachbehinderte Menschen haben nach Maßgabe der

Rechtsverordnung nach Absatz 2 das Recht, mit Trägern öffentlicher

Gewalt im Sinne des § 7 Abs. 1 Satz 1 in Deutscher Gebärdensprache,

mit lautsprachbegleitenden Gebärden oder über andere geeignete

Kommunikationshilfen zu kommunizieren, soweit dies zur

Wahrnehmung eigener Rechte im Verwaltungsverfahren erforderlich

12

ist. Die Träger öffentlicher Gewalt haben dafür auf Wunsch der

Berechtigten im notwendigen Umfang die Übersetzung durch

Gebärdensprachdolmetscher oder die Verständigung mit anderen

geeigneten Kommunikationshilfen sicherzustellen und die notwendigen

Aufwendungen zu tragen.

(2) Das Bundesministerium für Arbeit und Soziales bestimmt durch

Rechtsverordnung, die nicht der Zustimmung des Bundesrates bedarf,

1.

Anlass und Umfang des Anspruchs auf Bereitstellung eines

Gebärdensprachdolmetschers oder anderer geeigneter

Kommunikationshilfen,

2.

Art und Weise der Bereitstellung von

Gebärdensprachdolmetschern oder anderen geeigneten Hilfen für

die Kommunikation zwischen hör- oder sprachbehinderten

Menschen und den Trägern öffentlicher Gewalt,

3.

die Grundsätze für eine angemessene Vergütung oder eine

Erstattung von notwendigen Aufwendungen für die

Dolmetscherdienste oder den Einsatz anderer geeigneter

Kommunikationshilfen und

4.

welche Kommunikationsformen als andere geeignete

Kommunikationshilfen im Sinne des Absatzes 1 anzusehen sind.

-

§ 10 Gestaltung von Bescheiden und Vordrucken

(1) Träger öffentlicher Gewalt im Sinne des § 7 Abs. 1 Satz 1 haben bei

der Gestaltung von schriftlichen Bescheiden, Allgemeinverfügungen,

öffentlich-rechtlichen Verträgen und Vordrucken eine Behinderung von

Menschen zu berücksichtigen. Blinde und sehbehinderte Menschen

können nach Maßgabe der Rechtsverordnung nach Absatz 2

insbesondere verlangen, dass ihnen Bescheide, öffentlich-rechtliche

Verträge und Vordrucke ohne zusätzliche Kosten auch in einer für sie

wahrnehmbaren Form zugänglich gemacht werden, soweit dies zur

Wahrnehmung eigener Rechte im Verwaltungsverfahren erforderlich

14

ist.

(2) Das Bundesministerium für Arbeit und Soziales bestimmt durch

Rechtsverordnung, die nicht der Zustimmung des Bundesrates bedarf,

bei welchen Anlässen und in welcher Art und Weise die in Absatz 1

genannten Dokumente blinden und sehbehinderten Menschen

zugänglich gemacht werden.

-

§ 11 Barrierefreie Informationstechnik

(1) Träger öffentlicher Gewalt im Sinne des § 7 Abs. 1 Satz 1 gestalten

ihre Internetauftritte und -angebote sowie die von ihnen zur Verfügung

gestellten grafischen Programmoberflächen, die mit Mitteln der

Informationstechnik dargestellt werden, nach Maßgabe der nach Satz

2 zu erlassenden Verordnung schrittweise technisch so, dass sie von

behinderten Menschen grundsätzlich uneingeschränkt genutzt werden

können. Das Bundesministerium für Arbeit und Soziales bestimmt

durch Rechtsverordnung, die nicht der Zustimmung des Bundesrates

bedarf, nach Maßgabe der technischen, finanziellen und

15

verwaltungsorganisatorischen Möglichkeiten

1.

    die in den Geltungsbereich der Verordnung einzubeziehenden

    Gruppen behinderter Menschen,

2.

    die anzuwendenden technischen Standards sowie den Zeitpunkt

    ihrer verbindlichen Anwendung,

3.

    die zu gestaltenden Bereiche und Arten amtlicher Informationen.

(2) Die Bundesregierung wirkt darauf hin, dass auch gewerbsmäßige

Anbieter von Internetseiten sowie von grafischen

Programmoberflächen, die mit Mitteln der Informationstechnik

dargestellt werden, durch Zielvereinbarungen nach § 5 ihre Produkte

entsprechend den technischen Standards nach Absatz 1 gestalten.

<u>Abschnitt 3</u>

<u>Rechtsbehelfe</u>

-

16

§ 12 Vertretungsbefugnisse in verwaltungs- oder sozialrechtlichen

Verfahren

Werden behinderte Menschen in ihren Rechten aus § 7 Abs. 2, §§ 8, 9

Abs. 1, § 10 Abs. 1 Satz 2 oder § 11 Abs. 1 verletzt, können an ihrer

Stelle und mit ihrem Einverständnis Verbände nach § 13 Abs. 3, die

nicht selbst am Verfahren beteiligt sind, Rechtsschutz beantragen;

Gleiches gilt bei Verstößen gegen Vorschriften des Bundesrechts, die

einen Anspruch auf Herstellung von Barrierefreiheit im Sinne des § 4

oder auf Verwendung von Gebärden oder anderen

Kommunikationshilfen im Sinne des § 6 Abs. 3 vorsehen. In diesen

Fällen müssen alle Verfahrensvoraussetzungen wie bei einem

Rechtsschutzersuchen durch den behinderten Menschen selbst

vorliegen.

-

§ 13 Verbandsklagerecht

(1) Ein nach Absatz 3 anerkannter Verband kann, ohne in seinen

Rechten verletzt zu sein, Klage nach Maßgabe der

Verwaltungsgerichtsordnung oder des Sozialgerichtsgesetzes erheben

auf Feststellung eines Verstoßes gegen

1.

das Benachteiligungsverbot für Träger der öffentlichen Gewalt

nach § 7 Abs. 2 und die Verpflichtung des Bundes zur Herstellung

der Barrierefreiheit in § 8 Abs. 1, § 9 Abs. 1, § 10 Abs. 1 Satz 2, §

11 Abs. 1,

2.

die Vorschriften des Bundesrechts zur Herstellung der

Barrierefreiheit in § 46 Abs. 1 Satz 3 und 4 der

Bundeswahlordnung, § 39 Abs. 1 Satz 3 und 4 der

Europawahlordnung, § 43 Abs. 2 Satz 2 der Wahlordnung für die

Sozialversicherung, § 17 Abs. 1 Nr. 4 des Ersten Buches

Sozialgesetzbuch, § 4 Abs. 1 Nr. 2a des Gaststättengesetzes, § 3

Nr. 1 Buchstabe d des Gemeindeverkehrsfinanzierungsgesetzes,

§ 3 Abs. 1 Satz 2 und § 8 Abs. 1 des Bundesfernstraßengesetzes,

§ 8 Abs. 3 Satz 3 und 4 sowie § 13 Abs. 2a des

Personenbeförderungsgesetzes, § 2 Abs. 3 der Eisenbahn-Bau-

und Betriebsordnung, § 3 Abs. 5 Satz 1 der Straßenbahn-Bau-
und Betriebsordnung, §§ 19d und 20b des Luftverkehrsgesetzes

oder

3.

die Vorschriften des Bundesrechts zur Verwendung von
Gebärdensprache oder anderer geeigneter Kommunikationshilfen
in § 17 Abs. 2 des Ersten Buches Sozialgesetzbuch, § 57 des
Neunten Buches Sozialgesetzbuch und § 19 Abs. 1 Satz 2 des
Zehnten Buches Sozialgesetzbuch.

Satz 1 gilt nicht, wenn eine Maßnahme aufgrund einer Entscheidung in
einem verwaltungs- oder sozialgerichtlichen Streitverfahren erlassen
worden ist.

(2) Eine Klage ist nur zulässig, wenn der Verband durch die
Maßnahme in seinem satzungsgemäßen Aufgabenbereich berührt
wird. Soweit ein behinderter Mensch selbst seine Rechte durch eine
Gestaltungs- oder Leistungsklage verfolgen kann oder hätte verfolgen
können, kann die Klage nach Absatz 1 nur erhoben werden, wenn der
Verband geltend macht, dass es sich bei der Maßnahme um einen Fall

von allgemeiner Bedeutung handelt. Dies ist insbesondere der Fall, wenn eine Vielzahl gleich gelagerter Fälle vorliegt. Für Klagen nach Absatz 1 Satz 1 gelten die Vorschriften des 8. Abschnitts der Verwaltungsgerichtsordnung entsprechend mit der Maßgabe, dass es eines Vorverfahrens auch dann bedarf, wenn die angegriffene Maßnahme von einer obersten Bundes- oder einer obersten Landesbehörde erlassen worden ist.

(3) Auf Vorschlag der Mitglieder des Beirates für die Teilhabe behinderter Menschen, die nach § 64 Abs. 2 Satz 2, 1., 3. oder 12. Aufzählungspunkt des Neunten Buches Sozialgesetzbuch berufen sind, kann das Bundesministerium für Arbeit und Soziales die Anerkennung erteilen. Es soll die Anerkennung erteilen, wenn der vorgeschlagene Verband

1.

nach seiner Satzung ideell und nicht nur vorübergehend die Belange behinderter Menschen fördert,

2.

nach der Zusammensetzung seiner Mitglieder oder

Mitgliedsverbände dazu berufen ist, Interessen behinderter

Menschen auf Bundesebene zu vertreten,

3.

zum Zeitpunkt der Anerkennung mindestens drei Jahre besteht

und in diesem Zeitraum im Sinne der Nummer 1 tätig gewesen ist,

4.

die Gewähr für eine sachgerechte Aufgabenerfüllung bietet; dabei

sind Art und Umfang seiner bisherigen Tätigkeit, der

Mitgliederkreis sowie die Leistungsfähigkeit des Vereines zu

berücksichtigen und

5.

wegen Verfolgung gemeinnütziger Zwecke nach § 5 Abs. 1 Nr. 9

des Körperschaftsteuergesetzes von der Körperschaftsteuer

befreit ist.

Abschnitt 4

Beauftragte oder Beauftragter der Bundesregierung für die Belange

behinderter Menschen

-

§ 14 Amt der oder des Beauftragten für die Belange behinderter

Menschen

(1) Die Bundesregierung bestellt eine Beauftragte oder einen

Beauftragten für die Belange behinderter Menschen.

(2) Der beauftragten Person ist die für die Erfüllung ihrer Aufgabe

notwendige Personal- und Sachausstattung zur Verfügung zu stellen.

(3) Das Amt endet, außer im Fall der Entlassung, mit dem

Zusammentreten eines neuen Bundestages.

-

§ 15 Aufgabe und Befugnisse

(1) Aufgabe der beauftragten Person ist es, darauf hinzuwirken, dass

die Verantwortung des Bundes, für gleichwertige Lebensbedingungen

für Menschen mit und ohne Behinderungen zu sorgen, in allen

Bereichen des gesellschaftlichen Lebens erfüllt wird. Sie setzt sich bei

der Wahrnehmung dieser Aufgabe dafür ein, dass unterschiedliche

Lebensbedingungen von behinderten Frauen und Männern

berücksichtigt und geschlechtsspezifische Benachteiligungen beseitigt werden.

(2) Zur Wahrnehmung der Aufgabe nach Absatz 1 beteiligen die

Bundesministerien die beauftragte Person bei allen Gesetzes-,

Verordnungs- und sonstigen wichtigen Vorhaben, soweit sie Fragen

der Integration von behinderten Menschen behandeln oder berühren.

(3) Alle Bundesbehörden und sonstigen öffentlichen Stellen im Bereich

des Bundes sind verpflichtet, die beauftragte Person bei der Erfüllung

der Aufgabe zu unterstützen, insbesondere die erforderlichen

Auskünfte zu erteilen und Akteneinsicht zu gewähren. Die

Bestimmungen zum Schutz personenbezogener Daten bleiben

unberührt.

Impressum

© GROELSV – Verlag, Hans-Much-Weg 14, 20249 Hamburg, Telefon: 040/
32030598; - Redaktion GROELSV

Wir sind bemüht, ein ansprechendes Produkt zu gestalten, dass vernünftigen
Ansprüchen an das Preis/Leistungsverhältnis gerecht wird. Buchbewertungen, z.
B. über den Distributor Amazon sind ausdrücklich erwünscht. Konstruktive
Anregungen nutzen wir gerne, um künftige Auflagen zu ergänzen und anzupassen.

24

www.ingramcontent.com/pod-product-compliance
Lightning Source LLC
Chambersburg PA
CBHW070801180526
45168CB00004B/1712